DiESES **HEFT** GEHÖRT:

_____

VIELEN
DANK!

WIR WÜNSCHEN IHNEN VIEL SPASS MIT DIESEM HEFT.
SOLLTE ES IHNEN FREUDE BEREITEN, DANN SAGEN SIE ES GERNE
WEITER, ODER HINTERLASSEN UNS EINE EHRLICHE BEWERTUNG.

THANK
YOU!

WE HOPE, YOU WILL ENJOY THIS BOOK.
IF YOU LIKE IT, FEEL FREE TO TELL YOUR FRIENDS,
OR LEAVE US A HONESTREVIEW.

IMPRESSUM

HOLGER BRANDT MEDIENDESIGN
KNAPPENSTIEGE 10
45239 ESSEN (DEUTSCHLAND)

ANGABEN GEMÄSS § 5 TMG

UST-IDNR.: DE 322 503 041
TEL.:   0178 134 989 4
E-MAIL: MOIN@HOLGERBRANDT.INFO

GRAFIKEN IN VERWENDUNG VON

VECTEEZY.COM

HALLO!

Wir wünschen euch
viel Spass beim Klecksen
und Kritzeln.

ANLEITUNG

1.

Schneidet die Seite
mit einer kindgerechten
Schere zusammen aus.

2.

Schnappt euch eure
Fingermalfarben und
ein Papiertuch.

3.

Patscht einen Finger in
die Farbe und kleckst auf
die Punkte der Tiere.

4.

Am Ende wartet eine echte
Stempelmeister-Urkunde zum
Ausschneiden auf euch.

≥ LOS GEHT'S ≤

ALLE DEINE OSTERSTEMPEL

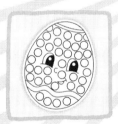   

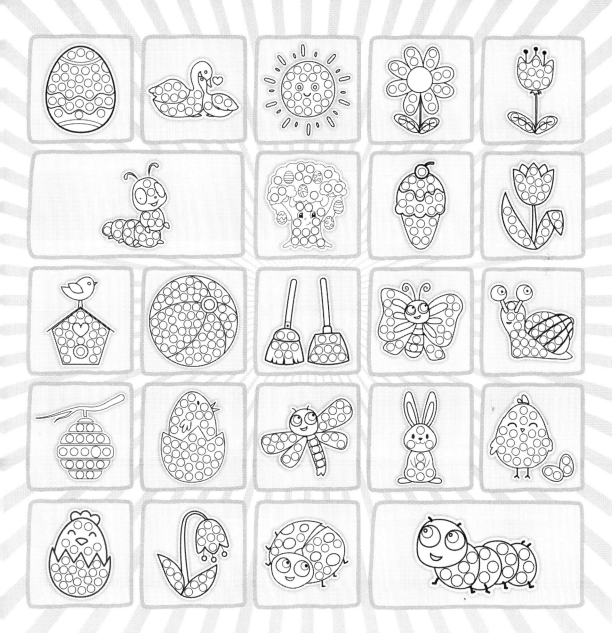

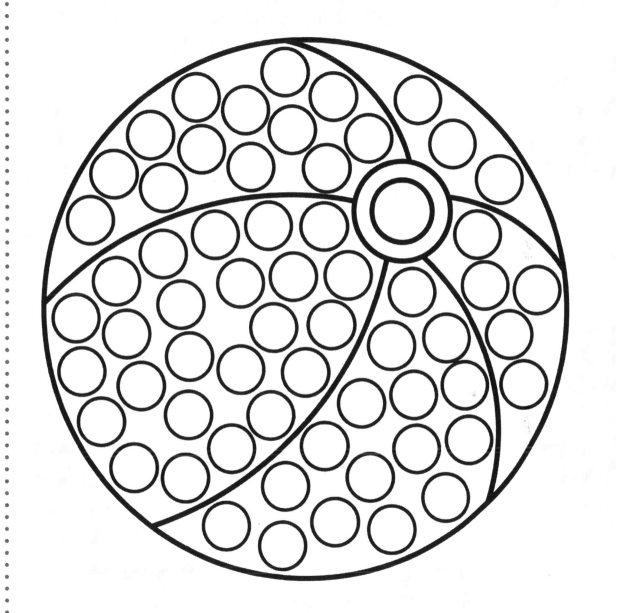

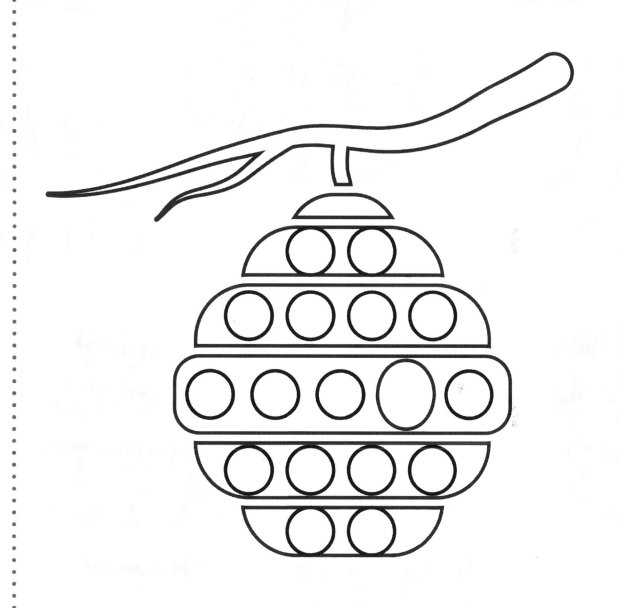

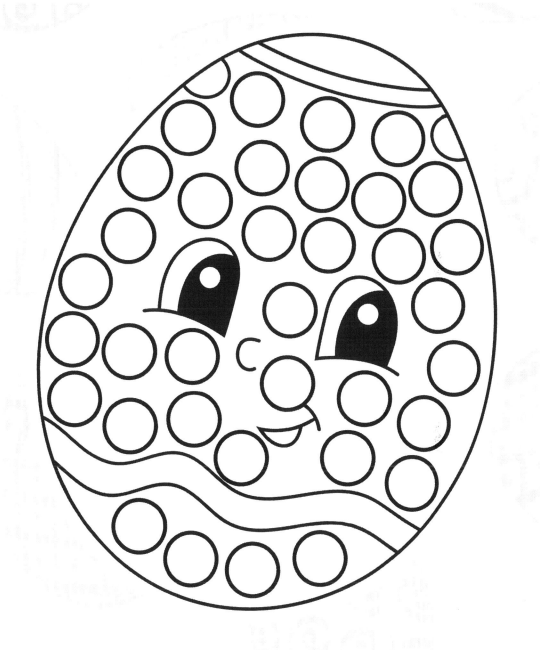

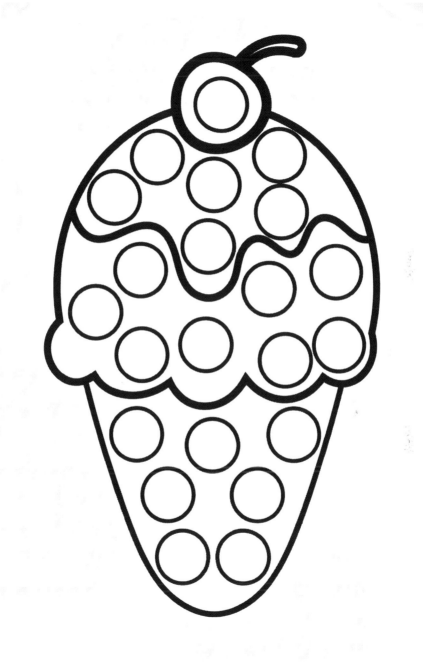

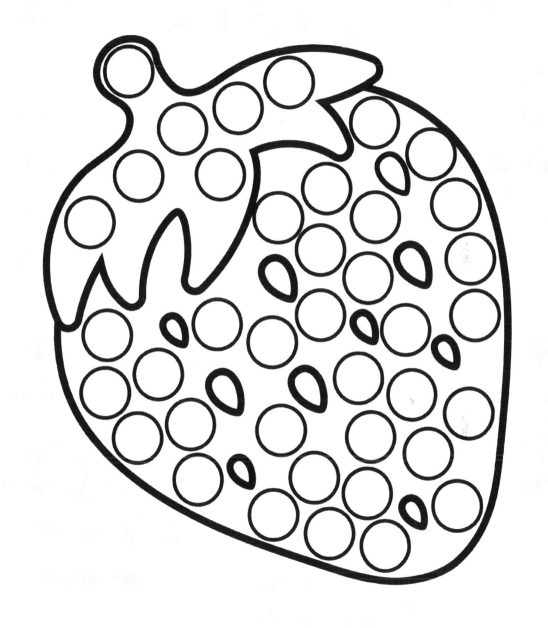

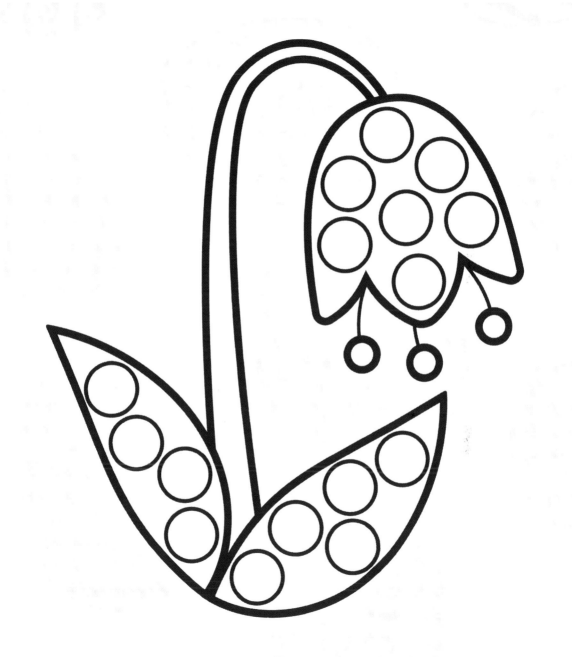

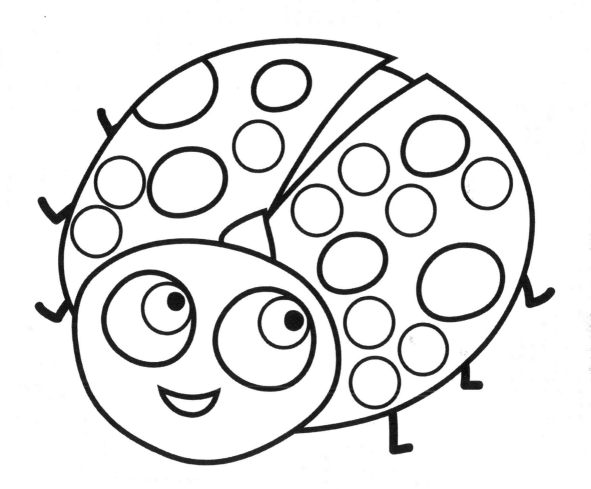